시인동네 시인선 165

강미영 시집

브로콜리 마음과 당신의 마음

시인동네

브로콜리 마음과 당신의 마음

강미영 시집

시인의 말

울창한 숲과 나무들의 자웅동체
나무의 나무가 반복되는 숲 가장자리에서
病처럼 당신을 묶는다.

2021년 12월
강미영

차례

제2부

제3부

제1부

역병

새장 속 앵무새를 길들이는 것이다 긴 팔과 짧은 팔이 계절을 잃는 것이다 우리들은 말도 안 되는 마스크에 익숙해지는 것이다 노인들은 오래전 경험한 역병의 기억을 치매와 치마의 오해로 혼돈하는 것이다 흘러가는 시간을 치마 속에서 치매를 감추기도 하는 것이다 늘 다니던 거리가 욱신욱신 아파오는 것이다 밤새 뜯어먹던 골목길을 빠져나오는 것이다 가늘고 긴 문장들 입 안의 세 치 혀를 꺼내는 것이다 입구를 찾지 못한 단기기억이 울음을 삼키는 것이다

비와 모과 사이 눈처럼 내려

모과를 떠올리고
먼 새로운 행성을 그려본다

모과는 모자가 아니었다
당신은 내가 될 수 없으니
내가 갈게

진실은 언제나 미궁 속으로 숨어버리고
얼굴은 모과 색으로 딱딱해지거나 키스로 향긋하지

비가 눈과 같이 내려
모과는 모자가 될 수 없다는 걸
목요일에 알았다
시(詩)는 벼랑에서 만나야 한다
골목은 길었고 우리는 길을 잃었다

모두가 혼자 떠나야 하는 것을
어떻게 읽어야 하는 걸까

정답은 꼭 가슴에 발목을 심은 후 알게 되는 것
모과는 향이 특별해서
절대 버릴 수 없다는 걸
절대 잊을 수 없다는 걸

오늘은 비가 눈과 같이 내려
모자는 모과가 아니었다

새로운 유파

너를 위해 가을이 왔다
매년 매번 가을이 왔다
죽음은 그렇게 쉽게 왔다 무너지고 피었다

너를 위해 기차를 탔다
창밖으로 스쳐가는 것은 박하사탕
벗어놓은 구두는 한없이 편안하다

어떤 가수의 노래는 자주 듣지만 외우지 못했다 너를 위해
헤어지는 것도 연습해야 된다고 한다 너를 위해
생활을 위해서라면 망각조차도 잊어야 한다 너를 위해

질문도 없고 문학도 없다는 것을 알았다
별의 무게 앞에서

신파는 아니고 심판 없는 시판도 아니었다
가끔은 이런 신파를 따라 흥얼거리며
오래된 이력의 중심에 서서

그림자 사라진 어둠을 밀어본다

흰머리 몇 올씩 뽑아내며 너를 위해
손에 닿지 않는 새장 속의 노래를 가지러 간다

처음부터 노래는 없었는지 모른다

기특한 카레

달팽이 의자는
선택의 여지없이 예민해지지

의자에 알맞은 모양의 당근을 다듬는다
카레에 당근이 어울리는 이유를
당신은 알고 있을까
그 비밀에 대해 말하지 않고

새벽에 카레를 먹으면 참 쓸쓸해진다
카레는 겨울이 어울리는 모자인걸,

매듭이 풀리고 모든 것이 한 덩어리로 읽히고
사흘째 카레를 먹는 것이 중요하다
긴 문장의 카레는
향과 맛이 더해가고

좋아하지도 않는
이 많은 카레를 어쩌나,

도대체 카레를 왜 만들었을까,
몇 년을 연결해도 주문해보지도 않던
이 기특한 카레를!
새벽에 혼자 먹는다

흰 커피 잔에 카레를 담아
설명하지 않고 사흘째 지운다

거룩한 방식으로
당신을 먼 곳에 버려두고

용산驛

용산은 파란 운동화였고 문어발이었다. 용산驛은 용감하고 넓었다. 봄 햇살이 왜 슬픈지. 꽉 끼는 경제도 봄 때문일까 풀리는 끈 같았다. 젊은 날 문어발을 씹으며 동시상영 영화관에서 고백 없는 키스를 했다. 운명과 함께 찾아온 낡은 가죽구두는 무모했고 어깨가 넓었다. 우리는 용산驛에서 연애를 했다. 꽃이 피고 맨발의 문어발을 씹었다. 지린내가 났다. 나는 지금 용산驛이라는 행성에 서 있다. 아무렇게나 내던져진 신발들이 뛰어간다. 행성은 용산驛과는 아무런 관계가 없다. 건너편 모서리를 돌면 뜨거운 홍등가가 있다. 쫓기는 어둠이 조형물로 걸려 있다. 서늘한 페이지가 불량한 광고지처럼 날린다. 밑도 끝도 없는 청춘의 비문이 자유롭다. 나는 용산과 용산驛 사이 낡은 문장을 더듬는다. 씹다 만 결핍의 비둘기도 날아오르지 않는다. 꿈의 문장은 어디로 사라진 걸까.

금성서점

첫째라는 말 그건 속빈 강정 같을 때가 있다. 강정은 달콤하게 씹히는 시를 닮았고 감정을 선물 받는다. 시편들은 손때 묻은 지문의 골목. 우리들 맏이는 밋밋한 맛처럼 무거운 저울 같아서 나는 지하철을 타고 금정을 간다. 샛별이 있을 것이다. 전설(傳說)은 그냥 태어나는 것이 아니다. 토요일이 피우다 만 겨울 장미 담배. 꽃과 굴뚝은 아름다운 노래이며 아직도 샛별로 빛나고 있다고 믿어본다. 첫, 이라는 그 무게만큼 불편이 불면처럼 환하다. 나는 매일 지하철을 탄다. 세상에 태어나 가장 잘한 일은 당신처럼 시처럼 골목에서 한 컷, 이었다는 것. 상상은 늙지 않는다. 난 금성이 아니고 금정 간다. 세상없는 별. 금정(金井)에 있는 것뿐인데 하늘엔 겨울 구름이 흘러간다. 이어폰을 꽂는다. 바람이 분다. 허스키한 음악이 차갑다. 천천히 역 계단을 내려간다. 너는 금성에 있을 것이다. 속빈 강정이 끈적거린다. 달콤하게,

화성 수족관

검은 꼬리 물고기는 새처럼 날고 싶었는지 몰라
들끓는 생쥐들이 입속으로 들어와도

매일 정해진 시간은 망상의 페이지로 넘겨지고

화분에 밤을 심고
식판이 도착하고
치약을 짜고

발자국 기억은 날개 잃은 새와 같아
수족관 바닥을 검은 꼬리로 지탱하기도 한다지

링거 병 속으로 꿈이 피어나고
숨겨놓은 구두 속에 약 봉투 쌓이고
기억에 새들이 후두득 날아

검은 꼬리 물고기는 한 여자와 담배만 매일 읽는다지

나는 수족관 물고기로 바라봐

꿈에 새를 그려주면
우후죽순같이 여기저기 비린내가 풍겨

쪼다같이 너희가 알기는 해
파란 쪼리 슬리퍼를 신고 수족관에서
해마를 건져 올리는 일!

병동과 병동 사이 한쪽 팔이 검게 늙어가고
유리 밖 거대한 수족관엔 하얀 고래가 헤엄친다네

맹그로브나무 옆으로 나는

1

흰 시트 그리고 포인트
어디선가 보일러 돌아가는 소리가 낯설게 들린다
이곳은 한여름인데,

작은 잔에 떠나온 도시를 따른다 떠나와도 떠나지 않은
어깨의 통증 여전히 벗어날 수 없다

2

눈과 코는
뻗어가는 여러 골목으로 숨을 뱉으며 발아한다
떠나온 곳을 잠시 떠올리기도 했던가

쓸쓸한 겨울나무 같은 당신
물이 가득차서 도저히 건너갈 수 없는 나무집들
자신은 물이라고 말했던 당신
우리는 비슷한 일상에서 낯선 풍경들로 만난다

3

높은 산들은 다 물속에 잠긴 것일까
박쥐들만 나뭇가지에서 대롱 주머니처럼 땅끝만 바라본다

동굴 없는 곳에서 살아남는 것들
뻗어가는 덩굴 틈으로 하늘만 보인다

4

생명력 강한 돌 벽화처럼
왕족은 별다른 별 모양의 뱀과 코끼리로 남았다는 말을 뒤로하고
한자리에 머문다는 것,

손끝에 만져지는 수백 년 물의 문장이 출렁
단단한 뿌리 기둥으로 맞잡은 두 손에서 물결이 차오른다
끝없이 흐르는 나무들 사이로 나는

제비다방

영화 '동주'를 보고 왜 이상의 '금홍'이 떠오르고
시의 일들이 떠오르고 상수역에 내려 언덕을 올라가는
흐린 흑백사진이 보이는 걸까

제비가 날아오르는 봄의 화첩을 떠올리는 것일까
이것이 연상법이라면 나는 시인이 아닌 것일까

오늘처럼 황사가 헝클어지는 날
제비라도 날아
세상에 없는 시편이라도 떨어진다면!
백지 상태의 머릿속을 달려
어둑어둑한 병동 문을 지나 크레졸 냄새가 얇게 풍기는 곳,
그곳을 제비다방이라고 불러도 될까

부러진 다리는 동화가 되어버렸고
날아보자던 날개도 사라진
제비다방에 앉아 불 켜진 골목길을 기억하며
아버지가 사귄 조바년을 훔쳐보기도 한다

젊은 날 뛰쳐나간 한 제비를 기억하며
상수역 사거리 언덕으로 제비가 물고 오는 봄으로

날아오르는 문장도 아닌
꺾인 날개는 더더욱 아닌 바람은 바람인 것이다

도루묵

혀 잘린 언어들이 꼬리친다. 은빛의 꼬리들 목어 소리를 낸다. 한 마리 두 마리 세 마리 도루묵인 것이다. 도루코 칼날의 빛이다. 그 칼날의 이마를 방망이로 쳐보는 것이다. 1루에서 3루까지 말의 허점을 통해 재빨리 달려본다. 짜릿한 도루의 묵이다. 본래의 제자리인 것이다. 통쾌한 묵찌빠의 도루묵이다. 탄생의 주먹으로 울어보는 것이다. 손가락 사이로 미끌거린다. 묵사발의 도루묵이다.

백일몽

계단을 올려다보며 서 있었지. 책장을 넘기듯 계단을 올라갔어. 텅 비어 있는 생각들을 어쩌나. 칠 년의 매미들. 백일몽이라 그렇게 꺼이꺼이 울었나. 나는 푹신한 의자만 그리워해. 어쩌면 당신은 여름의 풍성함으로 야위어갔지. 어떤 것들은 모른다 모른다고 손사래치고 있는 것 같았어. 그러니 나는 지하에 있고 당신은 계단 위에 있나봐. 철학처럼 계단 위의 보도블록은 조용하고 플라타너스 나무들은 시처럼 푸르렀지. 백일몽을 타고 다들 어딘가로 떠나기를 바라지. 한여름 백지의 거리는 아직도 속이 울렁거려. 낯선 거리에 버려진 거울 위를 멈추듯 걷고 있어. 어제의 칠월 오늘의 칠월을 이으며.

기념일

심장에 비석을 세우고
노란 카레를 만든다
말랑한 살점을 가지런히 썰면서
또 무슨 골목을 생각한 것일까

오늘은 기념일
절대 기억하면 안 되는
당신의 생활을 저버릴 수 없는 날

눈은 오지 않았지만
오래전 그날은 굽이굽이 카레가 흩날렸지

기념일과 카레는 전혀 다른 손가락
비대칭의 거리에서
출구를 찾아오는

오래전 그날처럼
흩날리던 카레는 찌그러진 모자에 포장된 채

골목의 골목으로 배달되고

그림자가 역광으로 서 있는
당신의 발자국은 뭉쳐지지 않는다

평균대

두 발로 서 있지 못했다

햇살은 말이 없고 잉크가 마르고 있었다 어지럼증이었다 문장이 휘어지고 있었다 어깨의 힘을 빼고 천천히 발을 움직여 보았다 낮은 바람이 파지로 쌓였다

당신을 버리는 시를 쓰고 겨울이 갔다 구겨진 글들이 딱딱하게 굳어버렸다 골수가 빠진 죽은 말들이 자꾸 따라왔다 꿈속으로 사라지는 즐거운 병들이 고슴도치 비늘처럼 되돌아오곤 했다

중심이 몸을 감았다
어딘가에 남아 있는 시의 말로 평균은 휘기 시작한 걸까

머릿속 구불거린 골목길은 하얗게 만발했다 떠나지 못한 막다른 문장들이 바람을 신고 춤을 추었다 가끔 은유가 둥글게 몸을 말아 새처럼 날아올랐다 리듬을 타고 몇 개의 동작을 배우고 다리 없는 공중이 되었다

당신의 새가 되기도 했던가

몽상의 코스모스는 쇄골이 파이도록 높은 음으로 노래를 불렀다 발목에 묶인 굵은 주름이 하나씩 풀리며 평균 속으로 빨려가고 있었다

목요일 아이는 길을 떠난다네*

별과 자장면은 잘 어울려, 목요일이 여행과 어울리듯

목요일이 좋아
아이를 낳겠다고 했던 사람들은 아이를 만들고

누구는 목요일에 돌아오는 것을 잃어버렸다고 하고
누구는 목요일에 길을 떠난다는 것을 잃어버렸다고 하고

금성의 비너스가 되고 별이 되는 것을 믿으며
아이는 목요일마다 길을 떠난다네

---

* 오스트리아 「마더구즈」란 동요에 있는 구절.

어느 날의 근육

화성에 갔고
대전에 갔다

변두리라고 했는데
비 같은 눈발이 날리기도 했다

익숙한 겨울나무 문장들
낮은 건물들, 겨울을 벗어나는 굽 높은 구두 같아
회색 스타킹이 뱉어낸 찌끼들
도대체 이건 사랑의 문제는 아닌 거다

방바닥이 따스한 당신들과 잔인한 리듬들

음악은 음악으로 통하고
뜨거운 발자국을 숨기고

창문 없는 사각의 방에선
누가 창문이 되는 걸까

폭설의 감각

여덟 번째 밤이 몰려와요
쉼 없이 날리는 당신 얼굴이에요

포개지는 다리 사이로 아득함이 쌓이고 그 안으로 층층이 타오르는 빛, 활활 숨이 막혀요

새파랗게 질린 심장으로 구두끈을 새로 묶기도 하는

하얀 살점을 뭉친 화이트 벨벳의 모자를 보내려고 해요 막 물꼬 튼 입김의 레이스도 날리고요

카메라 앵글은 눈 밖을 벗어나요 비극적 상징인가요

불어나는 다리가 마구 밟히고 하얀 유골 마디마디 즐거운 걸음들

오도 가도 못한 흰 불두덩 나락들

창백한 백지 위에 녹아드는 시들, 언어들

오늘은 침묵으로 펑펑 우네요

비정상적 쇼파

나의 긴 의자는 임신 중
믿음은 언제나 다른 곳에서 왔다

붉은 잉크가 쏟아지고
환상의 다리를 읽는다

소파 술의 흘림체 쇼파라고 읽는다

반복해도 떠오르지 않는 제목처럼
기다란 문장의 쇼파처럼
그래도 난 오버나이트만 고집할 거야

소파는 쇼파인가
쇼파는 소파인가

무중력의 리듬들
소파 술은 정해지고

육체와 문장은 멀어지다 가까워지며
목이 풀린 뚜껑처럼 사물이 명백해서 슬프다

쇼파에 누워 소파를 쇼파라고 써본다

모든 것이 분명하지 않아
소파는 푹신하다

멸치 똥을 까는 멸치

똥을 빼고 뼈대를 생각한다. 뼈대 있는 가문을 생각한다. 똥을 까발리고 족보 속을 헤집고 나를 까발린다. 똥을 까발리면 멸치가 생각나고, 비릿한 바다, 당신 냄새가 떠오르고, 손가락 끝 막혔던 가시가 뛰쳐나온다. 똥을 만지면 오늘도 똥막대기가 세상을 평정한다. 나는 악다구니로 말라가는 뼈대 있는 집안을 동경하고 내 살과 뼈 때문에 늘어가는 똥을 증오한다. 나는 십 년 동안 변비증에 시달리고 똥을 까발릴 것이고 똥을 빼고 멸치는 먹지 않을 것이고, 살과 뼈를 오가며 멸치와 뼈대를 겹쳐 읽은 것이다.

제2부

브로콜리 마음과 당신의 마음

직유의 숲에서 당신을 만났다

나무를 거꾸로 세워두고
한 문장씩 목을 부러뜨렸다

목 없는 새가 품속으로 날아들었다

트렁크

몇 번의 여행으로 우리들은 깊어지고
익숙해진 문장이 행간에서 달그락거린다

이런 파동이 언젠가 그리워지겠지
너라고 부르고 나라고 불린 물결들이 스담거린다

어깨 무성하게 늘인 반얀나무* 바라보며
나무가 숲처럼 보이는 당신을 생각한다

만날 수 없다는 간절함마저 밀어내며
우리에게 커다란 신발의 몽상가를 선물한다

지금 어디서 온 별의 빛을 기억하는 걸까
나는 또 어디로 갈 것이다

정교하고 우연의 음들을 골라 가슴에 얹고
강에서 고래를 찾아나서는 일을 절대 하지 않겠다고 다짐도 한다

낡은 유적과 풍경의 버팀목 틈에서
지나온 삶이 슬픈 문장처럼 펄럭인다

세상을 품었지만 아무것도 가진 게 없다

---

*보리수나무.

망종

하늘을 끌어내리겠다는 듯
우리가 닿아야 하는 것이 먼 곳에 있듯
유월의 문장이 왔다

태양과 음력이 엇갈리고
수염과 고래 사이를 오가며
서점이 아닌
문병을 간다

망할 놈의 기분으로
아무도 없는 빈 공터의 놀이터를 바라보거나
당산철교를 건너가 보는

그럼 구체적인 형식의 맛일까

잠자는 꿈이 빛날 때
수음 속에서 청춘은 살이 찐다고 했던가

여름의 언어가 깊어지고
토해낸 문장을 한 줌씩 심으며
망할 놈의 기분을 매일 지우며 쓴다

비는 아직 내리지 않았지만
우산 든 골목을 서성이고

햇살의 기울기가 조금 더 기울면
시를 쓸 거야 당신을 쓸 거야
붉은 장미가 망아지처럼 보란 듯이 뻗어간다

너무 먼 오월

내일이 없는 속초
어제가 없던 속초

가슴에 무덤이 울창하여
해가 길어진 붉은 운동화를 신고

수많은 행간이 따라오는 양양이라는 지명 끝
터널과 터널이 이어달리기를 하고

바람은 불지 않는데
새장 속 구두는 어디로 날아가는가

우리는 거기에 있었던가
당신과 또 우리들이 유일무이(唯一無二)했던 시간들

감정이 다 빠진 맛없는 문장으로
바다 앞에 서서

내가 배운 시의 방식으로
당신이 배운 사랑의 방식으로

불가능의 얼굴들
수평선 어디에도 걸려 있지 않았다

바다의 말들이 포말로
밑줄을 그으며 심장을 두 개로 분리한다
어느 오월의 신부와 같이

뻐꾹시계

가만히 누워 있으면
몸속에 뻐꾸기 한 마리가 울고 있다는 걸 느낄 수 있다
길고 짧은 두 다리로
작은 우주를 여행하고 있다
엄마가 들려준 어느 별자리 이야기였을까
나는 잠들지 않는 뻐꾸기 발자국 소리 들으며
눈빛이 총총해진다

불구 아닌 불구로
웅크린 벌레처럼 가만히 시계 소리 듣고 있으면
먹어야 산다고 뻐꾹
살아야 한다고 뻐꾹 뻐꾹
날마다 태엽 감으며 낮과 밤을
새카맣게 타버린 울음으로 울었다
그때마다 밤하늘 별들이 작은 새로 총총히 박혔다

엄마가 떠나자
나도 목발 없는 불면증 환자로 살며

오른쪽으로만 걸었다
되돌아온 시간 곱씹을 때마다
내 몸을 핥고 핥으며 비상하는 꿈을 꾸었다

내 몸에 흐르는 작은 소리를 따라가면
눈뜨고 눈감고 있어도
또다시 들리는 뻐꾹 뻐꾹
시계 속에 불멸의 뻐꾸기 한 마리
그리운 통증으로 산다

소금

소금을 움켜주면 당신 빈집이 떠오른다. 소금을 움켜준 손을 펼치면 소설 속의 염전이 떠오르고, 천 개의 달이 뜨는 배가 떠다닌다. 소금을 생각하면 비대칭의 얼굴이 떠오르고, 낡은 폐선이 떠오른다. 당신은 빛나고 염전은 간수 빠진 소금에 소멸되어 빛난다. 빈집의 방들은 멍들고 소금은 모래알로 노래 부르지 않는다. 흘러 다니는 소금은 낮에도 밤에도 빈집의 노래들을 지킨다. 염전의 빈집이 당신의 생애를 노래한다. 다리가 너무 많은 물레의 한 시절이 간다. 다른 생으로 건너가는 물레, 싱싱한 뼈마디의 결정체는 너무 짜다. 짜다 못해 다디단 빈집의 사랑 노래가 물레질을 한다. 염산처럼 뿌려지는 햇살이 아프다. 염전을 버리고 빈집에 살 수 있을까. 녹아버린 생들이 몇 줄의 문장으로 정리될 수 있을까. 오랫동안 덮어둔 시집이 당신을 지울 수 있을까. 빈집이 끝나지 않은 삶의 물레질로 돌아간다.

예고

천 번쯤 이 악물고 천 번쯤 눈 감아요 핸드폰을 타고 끊어진 단어들, 개뼈다귀 같은 사랑이었다고! 몇 개의 계절, 내일을 지우며 웃자란 사랑 댕강댕강 잘라요 귀가 아프고 당신은 머리카락 날리며 골목 속으로 들어가요

구두 굽은 물컹해지고 주머니 속에서 바람 소리 휑하게 불어왔지요 꼼지락거렸던 것들 막막해진다고 설명하지 않을래요 실패한 사랑은 없으니까요

진동이 진통으로 느껴질 때 사랑이 저음으로 울려요 몇 대의 지하철이 지나갔는지 몰라요 골목이 왜 아픈지도 몰라요 잎이 돋아나는 나무에 대해서 생각할래요 그러는 동안, 언덕을 걸어 내려왔던 통증은 풀어지고 당신 입술에서 입술로 별이 쏟아진다고 말할래요

컨테이너터미널

봉쇄된 번데기 속에 갇힌 시(詩)의 압축들
출발점에서 시집처럼 쌓여간다

불규칙한 진동으로 형성된 리듬
넘버를 부여받고 자물쇠를 채운다

멈추지 못하는 화물트럭은 질주하는 시집 같다

우리들 피는 역동적이며 사각을 사랑한다
높이 쌓이는 간결한 육체들

왜 우리는 사각 속에 갇히고 싶은 것일까

캄캄한 하늘이고 땅이기도 했던
다시 태어난 욕정의 컨테이너가 뜨겁다

되돌아올 수 있는 터미널은 있기는 한 것일까

세상 밖 새로운 언어를 익히는 것이 정답인 것처럼
뜨겁고 불량스런 출입국관리소 너머

차갑고 고장 난 언어가
서로 다른 봉인된 넘버로 터미널을 서성이고 있다

수화기 너머 혜화동 로터리

예술가의 집에 다녀왔고
한 해가 넘어간다

혜화동 너머
당신이라든가 햇살이라든가
그리고 은밀한 별들의 모서리라든가
오래전 버렸던 페이지를 펼쳐본다

같은 꿈의 나무를 가방에 숨기고
모두 사라진 바퀴들처럼 종종걸음으로
무엇 때문에 가던 길 멈추었을까

오후의 빛들은 수화기 속으로 빨려 들어가는데
문장의 손가락 아픈 틈으로
바랜 페이지가 펄럭거리고

당신은 낭하라고 말하고
나는 로터리라고 말하고

머리가 헝클어지고
차가운 눈발이 쌓이고

수화기 너머 보이는 흰 손톱들이
수화기를 건너와도
아무것도 될 수 없는 순간이 오면
플라타너스에서 꽃들이 만발해질까

오래된 것이 좋고
붉은 모란이 그려진 이불처럼
저녁이 바뀌고
우리들이 바뀌는

토마토

태양이 아래로 고개 숙이고
토마토는 멈추었다

날카로운 연애는 밋밋한 맛으로 익어가고
설탕을 켜켜이 쌓은 행간들
한 장씩 깊어진다

푸른 테이블에 앉아
입이 찢어질 정도로 토마토를 먹으면
애인은 돌아올까
이빨 사이로 토마토 껍질이 붉게 피면 정말,
다시 올까
말이 되는 상상 속에 날개가 없고

검은 비닐봉지에 담긴 붉은 언어들이
제각각 얼굴을 내밀고

토마토라고 말하는 순간

앞뒤가 같은 애인이 찾아온다

둥글게 썰어 토마토 한쪽을 귀에 걸어본다
백일몽도 물컹 터져버린다

라디오

왜 들리지 않는 것일까
무슨 이유일까
낡은 지구본을 돌려보지만 결국 아무 곳에 가지 못하고
몇 년 동안 방치해둔 당신을 챙긴다

그리고
선글라스 쓰고 전혀 어울리지 않는 서비스 센터에 간다

귀가 고장 난 것인지 목구멍 속의 골목길에서 길을 잃어버린 것인지
이명은 한겨울 지나 봄의 입구에서 울린다

골목 끝에 앉아 달팽이 의자를 청소하거나
두 개의 스피커 속 난청을 끄집어내거나
가득 쌓인 콩나물 대가리를 부러뜨리거나

당신을,
나는 오랫동안 방치했던 것일까

침묵을 사랑했던 시간들이
심장 속에 쌓인다

귀를 잃은 방을 청소하거나 창문을 열어보는 것
먼지가 되어도 날아가지 못하는 소리들

문장의 주파수를 돌린다

브로콜리

어느 쪽을 잘라도 나의 분신은 살아 있었다. 마트로시카 인형처럼 나의 모습 안에 또 다른 내가 끊임없이 탄생했다. 팔다리는 지워지고 모난 부분 없는 머리통만 가지고 나무들을 임신했다. 생의 끝을 아는 듯 너무 많은 길을 걸었다. 끝도 없는 노래가 마르지 않고 계속 흘러나왔다. 세상에 없는 푸른 목을 가진 사람들이 모여들었다. 나의 분신들은 누군가 와서 구두를 신지 않는 발목을 베어주기만 기다렸다. 비가 내리고, 유일한 문장들은 모두 어디로 사라진 걸까. 핏물이 흐르지 않도록 저녁밥을 지었다. 낡고 긴 생활이 바람에도 흔들리지 않게 여러 번 헹구어졌다.

여수

남쪽으로 갔다. 가도 가도 끝이 없다고 한다. 수평선은 아름다운 정물로 앉아 있다. 잔잔한 바다를 사이에 두고 해는 반복적으로 행간을 부순다. 달리고 달린다. 상상력은 세 시를 기점으로 깃발을 흔든다. 팔이 아파온다. 한낮 태양이 은유로 붉게 운다. 침묵이 무릎을 끓는 사이 나는 늙어간다. 꿈에서도 꿈을 꾸는 시인들. 팩트가 사라진 현실. 가장 완벽한 것이 가장 무의미한 것이라고. 영원히 출렁일 것 같은 당신. 이제 그만 돌아가길. 수평선이 지평선으로 무너지는 곳으로 걸어가고. 하염없이 외로워지고. 완벽한 풍경으로 도착하는 불빛들. 남쪽에 있다. 나는

고래나무

바람의 늑골을 만지는 저녁, 음악을 듣는다.
남쪽 먼 어딘가 환한 곳에
고래 한 마리 누워 있겠다 싶다.

고래는 고래일 뿐 나무가 될 수 없는 것이라고
은유의 음악은 처절하다.

흔들리는 단추처럼 망설이는 사이
벽처럼 굳은 얼굴
차가운 계단과 계단 아래에 서 있는 나무 한 그루
숲은 나를 울게 한다.

오랫동안 한 사람을 생각하는 자세로
긴 목과 둥근 뺨 그리고 둘러싸여 있는 숲의 공기
오늘의 나무 오늘의 슬픔
오늘의 신발 오늘의 심장

밤은 더 깊어지지 않고

한없이 고요한 귀처럼
나무는 고래의 시간들을 가만가만 펼친다.

어둠 속 가득 나무의 멜로디가 차오르고
고래의 뿌리가 무성해진다.

DECEMBER

절대로 안녕을 기원해

너를, 당신을,
닮은 사람들을
하얗게 죽일 테니

손에 힘을 주고 주먹을 만들어봐
손아귀에 들어온 12월이 참 우울하거든

엄지를 손가락 사이 넣어보기도
얼굴로 내밀어보기도

행복해하지도 않을 생일, 12월 가득 낙서를 한다

남겨진 낙엽 바스락거리는 몸짓을 듣지 않기 위해
홀로 서보는 것도 무서워

다시 주먹을 쥔다 마디마다 힘을 주고 손가락 활짝 웃어보

지만 여전히 언덕 위

시선을 돌리고 너의 기억이 남아 있다고 해도
언덕을 향해 있는 날을 세울 테야

크루아상

초승달을 닮은, 버터 향 풍기는 너를
나의 작은 부메랑이라 불러

어떤 글은 쓰는 데 평생이 걸린다지
어떤 빵은 굽는 데 평생이 걸린다지

이름도 이쁜 게 가슴까지 부풀어가지고 말이야

커다란 접시에 포크와 담겨져
어느 도시에서 아침을 맞이하는 그 작은 층계들
혀에 닿는 순간, 토막 난 언어들이 납작하게 씹히는

흔적도 없이 사라지는
한 줌도 안 되는 질량이 동과 서의 축배로

나는 긴 손가락으로
몽마르트와 몇 개의 계단을 연결하여 붙이는 연습을 해
계단에 놓인 우리의 구두들이 나란하고

너무 썰렁한 계단에서 웃음은 자주 빗나가겠지만, 쉬! 크루아상

부푼 가슴으로 우울한 샹송을 불러줘

초콜릿의 감정

슬픈 멜로디가 춤을 추는 것이다
수리수리 당신 마술에 빠져들어 마법에 걸려들어, 얍! 하고 나른해지는 것이다

말랑한 혀에 힘을 주고 당신을 빨아보는 것이다, 무릎을 가만히 끌어안는데 혀는 곤두박질치는 것이다

아무도 말을 걸어오지 않는 것이다, 환하게 웃는 투명한 창에 검은 비가 내리는 것이다

천둥과 번개가 한꺼번에 울리는 뇌수가
점점 유순해지는 것이며, 당신과 다른 방식의 달콤한 찬가를 방정식으로 풀어보는 것이다

달콤한 묘약을 바른 입술과 입술을 부딪치며 두 눈 찔긋 감아버리는 것이다

망토를 날리며 바람 부는 언덕으로 산책 나가는 것이다, 언

제나 바람은 바람처럼 불고

우리의 느낌은 무한궤도인 것이다, 그리고 종종 어긋나는 것이다

은행

당신이 말한 관념과 철학이 가을 거리에서 고집불통 냄새를 풍기고 있다. 악착같이 버티어 보려던 생각의 생각들. 노란 개똥철학으로 전염병 돌듯 구르며 밟히며 은밀한 똥 냄새로 익어가고 있다. 고통을 즐기는 관음보살 같다. 그것은 꼭 고집스런 여름이 가져온 연인 같다. 우리 인연은 까발린 언어를 닮은 은행 알 같았지만 은행은 침묵으로 단단해졌다. 노란 포자 냄새가 거리를 장악하고 난 관념을 밟으며 출근한다. 지나가는 구두 소리가 벌름거린다. 이미 아름다워지기는 글렀다. 알몸이 벗겨진 동그란 말들이 거리를 점령하고 있다.

제3부

빠가사리

손바닥으로 하늘을 가릴 수 없다고
빠가는 빠가라고

뜯어먹는 책들이 바닥을 보일 때쯤
통째로 냄비를 들고

꽃을 들고 즐거운 노래를 부르듯

빠가라는 불온한 이름으로
아직 또 은유의 시인을 꿈꾸며

읽다 만 책장을 넘기며
한 세상 뒤로하고

아프지 않은 적 없는 물고기로 울었다

봄이라는데 문상 오라 하네

분홍 손톱이 비처럼 휘날리는 날이고
시간 폴폴 날리는 검정 스웨터를 꺼내 입는 날이야
잠시 손톱을 바라보거나 창밖에 날리는 꽃잎을
하염없이 바라보며 중얼거려

어디에서 불어오는 것일까
분홍과 검정은 너무 어울려서 슬프고
가장 가까운 사람들도
꽃잎처럼 비처럼 잘 어울려서 슬프다고

가방 따윈 동행하지 않아
시간은 언제나 종말 직전에 둥글어지고 안락해지니까
다행이야 마침표는 기억하지 않으려고 해

모래를 닮은 눈물들이 건너편 아파트 너머 사막을 건너가고 있네 복된 죽음이었다고 해, 하나님이 초대장을 보내왔다고 그리곤 펜을 가만히 내려놓았다고 해 양복 입은 남자들은 흰 벽에 기대 구름을 만들어

장례식장은 왜 지하에만 있는 것일까
계절은 조금씩 이동하고
분홍은 하염없이 내려 우리들 가슴속에 쌓이는데
잘 어울리는 검정색들이 안녕!
너무 오래 배웅하고 있어

문병이라도 갈 수 있다면

한 권의 시집을 읽고
온전하게 살아있는 추억이라고 중얼거려본다

커피와 담배
그리고 절실한 삶을 원했던 사람

누가 벼랑으로 몰았을까
작은 들꽃들 간절히 원했을 뿐인데,
너무 작아서 우리들은 보지 않았다 보지 못했다

말한 것들을 뒤로 밀어놓고
초록 대문을 꽝 닫고 언덕을 터벅거리며 내려왔던가

환자복에 슬리퍼를 신고 낭하를 걷던 사람
다시 신발을 신을 수 있을까

푸른 것들이 가을이 되고 봄이 되어도
이제 우리에게 남아 있는

서서히 살아 있지도 않을, 죽지 않을 것들

살아 꿈틀거리는
추억 같은 사실만 진실이라고
그것이 정답이라고

붉은 낙엽의 마음으로 중얼거려본다

파티션

백지 위 개미들이 죽어가는 밤이다

사거리에서 신호등이 바뀌는 것을 기다린다 까마귀 소리가 요란하다

발바닥이 시린 이유는 지독한 열병을 앓거나 파티에 가지 않아도 몸 중앙으로 기다란 졸대가 꽂히는 것일 것이다

새들은 행성의 다른 자리
우리가 그어놓은 영역 밖에서 이별한다 그림자 길이만큼 발걸음 뗀다

창문들은 옆에서 어두워지고 그림자 없는 숨이 가쁘다

허공에 달린 십자가 불빛을 바라본다
뜨거워진 단면들 우산살이 되고 창이 되어버린 파티션

십자가 불빛은 왜 모두 붉은빛일까

진짜 새가 되기 위해 나무들은 위로만 타오른다 퇴근길 파티도 아닌 파티션을 고민하는 것이 우산살 없는 시집을 읽는 것 같다

우이(牛耳) 산책

한쪽 귀고리를 잃어버렸어 언제나 한쪽이, 남자 아니면 여자가 문제였지 우이천을 걸으며 늦은 겨울을 다독다독하며 지내

바닥을 드러내 놓은 계절 위로 두 문장이 엇갈려 있었던가 저 건너편 사람들은 불운과 행운의 차이를 말하듯, 아무것도 아닌 문제들에 대해 반대 방향으로 걷고 햇살은 새삼 숨겨놓았던 날개를 퍼덕인다

해가 꽉 다문 하루를 물고 오기라도 하면, 풍경 어딘가에 숨겨둔 이들이 하나둘 머리 없이 걷는 것 같아

모자를 고쳐 쓰는 산책을 한다고 할까

넌 알고 있었을 거야
언젠가 내가 한쪽 귀고리를 잃어버릴 줄
언젠가 내가 날아가 버리는 새라는 것을,

눈과 귀를 틀어막고 아직도 소주병에 하루를 넣고 홀짝홀짝 마시고 있니 아파트 창문 불빛들이 빠진 이처럼 켜지는 것을 낯설게 바라보며

우이(牛耳) 천변을 걷는다
마주 보이는 북한산 산등성
소의 귀처럼 고요하다

브로콜리와 함께

오래된 숲길을 걷다가 나무가 될 때
뿌리 없는 생각들이 나무가 될 때

침묵의 페이지가 넘겨지고
상상력은 둥글어진다

숲이 먼 길이라도
시가 먼 집이라도
나무와 문장 사이를 잴 수 있다면

거룩한 나무에서 떨어지는 마침표와
작은 꽃잎들

내 몸에서 번식하는 꽃을 접시에 담는다
음악이 들리지 않을 때까지

환청

잠 속 모래산이 부서지기라도 한 건가요 아무런 기억조차 손가락에 끼울 수 없어요 내가 찾는 한 잔의 시(詩)는 어디에도 없어요 부러진 달팽이 의자도 없는데 귓속에 살림을 차렸어요 도대체 그놈의 집은 시끄러워서 살 수가 없어요 모래산이 자꾸 내려앉아요 살아 꿈틀거리는 작은 모래 알갱이들 모래네 마을로 이사 가자고 해요 책에 나오는 모래네 이야기는 결코 아니에요 바람을 타고 궤도를 이탈한 아이는 아직도 바람처럼 무럭무럭 이명을 앓고 있어요 발목은 모래 깊숙이 잘 심어둘게요 잠이 덜 깬 잠옷을 펄럭이며 노래해요 세상에서 가장 깊은 글자로 따라와 준 강물 밖으로 음유의 연애를 불러요 모래산이 무너지네요

계간지

아파트 입구 우편함에 누런 봉투가 꽂혀 있다
재생봉투는 계절을 물고 왔다
감정이 모호하게 흔들렸다
겨우내 몸에서 열이 나지 않아 슬펐다
회색을 잠시 잊긴 했는데
문우의 이름이 은유 속에서 빛나기도 했다

누런 봉투는 낯설지 않았지만 가까운 곳도 늘 낯선 것일까

봉투를 열고 계절을 꺼내면
말의 날개들 말없이 잊고 있던 지난 숲으로 질주한다
나의 생활은 언제부터 부정교합으로 어긋나 있던 것일까
집 안에 접혀 있던 손과 발은 늘 아프고
언제나 시를 쏟아내고 싶은 욕심뿐,

비릿한 계절 사이사이에 처박힌
사랑의 병을 병이라고 하지 못하고
오늘, 봄이 오는 길로 또 반짝이는 열병을 앓고

오래전 귓속에 들어와 살던 불온한 상상은
멈출 수 없고,

창밖을 어둠으로 닦으며 긴 밤을 꿰매고

골다공증 걸린 책

의자에서 내려오다 부러진 엄마의 다리뼈
빠져버린 골수였던가
무거움이 문제였던가

책장 속 오래된 책 냄새
입 다물고 아무 말 안 하면 어쩌지
책들 위치만 바꿔도
새 가방 속으로 들어간 기분이었거든
하여, 홀로 꽂혀서도
상상의 날개를 펼치고 펼쳤다지

그렇게 책장에 갇히면 어쩌나
수분 빠져 바스라지면 어쩌나
가엾은 엄마 마음은 새의 날개는 아니었을까
빛나는 이름을 가지고 팔랑이며 넘겼던 시간들
껴안으면 껴안을수록 더욱 가벼워지는
하필, 책이 골다공증에 걸릴 게 뭐람?

독서삼매경에 빠져본 기억조차 없는
너도 나도 3분이면 다 해결된다는 거니?

읽으면 약이 된다는
먹으면 약이 된다는
빼째 먹는 꿈 따위는 버린 지 오래
다음에 무엇이 되지 않아도
책장에 갇히는 것만으로도 다행이듯

제대로 한번 무릎 펴본 일 없이
수십 년 넘게 걸어온 시간
골다공증에 걸린 책들이 바스락거린다

커튼콜

하나의 방을 잠그고 한쪽 눈을 껌벅이며
우주를 몇 번 유영했는지

밖에 비가 오는지
내일 비가 왔는지
온통 흰 건물 안에 있으니
비가 올지 모른다는 느낌표가 내릴 뿐이다

무엇인가 하려면 날씨가 왜 궁금해지는 걸까

어른이 되고서야 빈 공란으로 남겨진
오늘의 날씨
진창으로 사랑할 일이다

눈에 약을 넣었는데 꿈꾸는 문장이 쓰다
의사는 눈에 커튼이 생겼다고

얼마나 멋진 일이 생길까

눈 속의 우주를 여행한다는 것

해파리가 몸부림치는 것과
말랑한 지팡이가
나의 은밀한 곳을 휘젓는 것을 바라보기도 하며

막이 열리고 환하게 보이는 불꽃이 터지고

문득, 수선화

허무는 자꾸 자라 빌딩 숲을 먹어버리고
당신을 건너 봄이 오긴 오는데

노랑은 안개도 삼키고 검정도 삼켜버리고
검정은 수선화 속에서 고결해지기를 기원하는 걸까

우리도 모르는 사이, 사랑의 이름들을 모두 건져 올린다
안개스럽게 안개스럽게
사랑은 그렇게 스며드는 것이다

나는 나
나의 나

수선화 노란 목이 꺾였다
가위로 부러진 긴 손가락을 다듬고 마디를
뚝뚝 잘라버린다

잘린 머리카락이

잘린 마음들이

흙속에서 알토란처럼 건실해질 것이다

반쯤 보이는 주먹도 조금씩 벌어지고
문득, 모든 것들이 환하게 익숙하게

나주

어제와 다르게 철도를 달린다
먼 여행지처럼 느껴지는 열차의 풍경들

책장을 넘기며 갈증은 구겨진 창밖을 본다
새들이 자유로운 만큼 형식은 철길로 이어지고

몸과 몸이 달을 따라 흘러가고
유성들이 아름다운 맹독의 언어로 빛나고

"추억이란 갈수록 가벼워지는 것. 잊고 있다가 문득 가슴 저려지는 것이다."*

가방은 왜 무거웠던 것일까
서로의 안을 보지 못한 오늘 금성 간다

---

* 김수영 시인의 「오래된 여행가방」에서 가져옴.

사과상자 속으로

누가 사과를 두 개 들고 꿈속으로 들어왔다

손가락은 굽어서 보이지 않았다 붉은 사과인지 투명한 사과인지 알지 못한 채 세월이 녹슬었다 사과는 항상 바른말을 쏟아내곤 붉은 혓바닥으로 바닥을 닦았다 필요충분조건으로 색을 잃어버릴 때도 있었지만 달콤함은 바닥을 딛고 태양의 뜨거움을 갈망했다

반듯한 아이들이 종알종알 매달렸다
언젠가 그런 종알거림이 틀렸다는 것을 알아버릴까

한쪽으로 기울어지는 세상은 항상 사과를 끌고 다녔다 궤짝에서 엄마는 매일 사과를 꺼내 아이들에게 던졌다 엄마의 엄마는 어디로 사라져서 사과를 가져오는 걸까

누가 사과를 두 개 가지고 방문했다
문 밖에는 흰 눈이 내렸다 두 개의 사과는 붉었다

아지트

횡단보도 건너 건물 지하에 아지트가 있었네
아파트가 아닌 아지트에는 네온사인이 반짝거렸지
누구나 그 아지트에서 만날 수 있었으니까

나도 종종 들러 하얀 벽면의 썰렁한 공기를 만지작거리며
손을 뻗어 시를 쏟아내곤 했지

70년대 우리들의 비합법적 아지트는 어디로 사라진 걸까
작두콩이 들어간 백숙을 먹으며 웃을 듯 말 듯
주인장의 웃음이 보이지 않아서 슬펐지

예쁜 목소리 시인이 내게 전화를 걸어오기도 했지
어디세요, 물어오기라도 하면 나의 발걸음은 혁명가처럼
작두를 타는 것도 아니면서 작두가 들어간 백숙의 다리를 찢곤 했지
작두 탄 문장은 정말 맛이 있었거든

아파트가 아닌 아지트!

시시한 가슴앓이 모아서 합법적인 출입증 건네며 너스레 떨었던 시인 아저씨

우리들은 다 어디로 간 걸까

작두를 타는 걸까

작두로 문장을 토막 내고 있는 걸까

버스에서 내리면 아직도 아지트라는 상호가 지워지지 않고

임대 문의 전화번호가 지령처럼 낯설다

말라 비틀어진 낙엽들이 유리문 바닥에서 뒹굴고

권투

온몸으로 써야 된다고
춤으로 피어나야 된다고

온몸으로 거리를 밀고 가는 사람을 보았다
지폐 한 장 가만히 올려놓았다

경기장에 간다 정사각형 페이지에서
온몸으로 상대방을 치고 피하는 선수들을 관람한다

말할 수 없는 주먹들,
말해지지 않는 스텝들
무섭게 쓰고 치고 빠졌다

그래, 때려! 왼쪽이 비였다 날려, 그래 그래, 때려!
한방에 날려 야, 때려! 때려! 밀어붙여

사각의 링 앞에서 나도 소리치고 있었다

때려! 때리라고

너를 던져!

영혼이라도 팔아!

풀지 못한 가족사

꽃이 피던 자리
문장들이 물끄러미 서 있다

오늘의 흑심 아닌 흑연으로
나무가 잘린 손가락 이야기
꽃병에 꽂을 수 없는 꽃 이야기

살이 저며진 채
믿지 않아도 믿게 되는

장바구니 가득 담기는 가족사
나무속에 나무가 가족 속에 가족이
같은 말을 되풀이하는

밤의 뿌리를 자르고
슬픈 나무는 연필처럼 옷을 벗는다

가족이 가족을 믿지 못한다는

숨기고 싶은 주어들이
날것의 두려움으로 튀어나오기도 한다

밤마다 가늘고 긴 문장들이 쏟아져 나온다
숨기고 싶은 병이다

브로콜리 숲으로 한걸음

거룩한 숲에서 발아한 한 권의 나무가 있다네

바람이 멈춘 날 모자를 쓰고
그늘에 엎드려
도시 얼룩이 덜 빠진 이름 아래

시들을 주머니에 넣고 마술의 마술이 번지는 숲

작은 나무에서 떨어진 작은 꽃들
포자 만발한 페이지들
머리를 빗고 책을 넘기고
구두끈을 새로 묶고
이끼의 숲속으로부터 멀리 멀리 달아나요

서로의 몸이 된 그곳
모자 속에는 우산 닮은 사람들이 무성하여
민둥머리 꽃들 입술을 푸르게 물들여요

가보지 않은 구름이
나무와 꽃 사이로
문장이 리듬이 되고 푸른 구두가 되는
춤의 이름을 알고 있나요

누군가의 손은 또 누군가를 위로하고
한 권의 책에서 뻗어 나온 나무들 속에서
은유가 타올라요

사생아

내게서 꽃이 사라졌다

맨드라미도
칸나도
수선화도

잡으려고 하면 사라지는 문장처럼

입술을 조금 벌린 채
붉고 하얀 향기로 골목을 서성인다

혓바늘 심어놓고 떠난
새처럼

너무 뜨거워
죽지 않는 꽃이 있다

해설

이상하고 낯선 브로콜리의 세계

고봉준(문학평론가)

우리 사회의 정형화된 연상 작용을 무너뜨리기 위해선
사물들의 익숙한 정체성을 철저하게 부숴버려야 한다.
—마크 로스코

20세기 미국의 추상 표현주의를 대표하는 작가 바넷 뉴먼(Barnett Newman)은 "예술 작품이 예술 작품이 되려면 문법과 구문론을 초월해야 한다."라고 말했다. 여기에서 '문법'과 '구문론'은 언어, 즉 랑그(langue)를 구성하는 문법적인 요소를 가리키는 것이 아니다. 그것은 특정한 장르에서 통용되고 있는 것, 소위 음악적인 것, 미술적인 것, 문학적인 것이라는 표현이 지시하는 장르의 기본적인 규칙들을 의미한다. 그러므로 저 진술은 기존에 존재하는 관습적 믿음과 규칙에서 벗어나야만 '예술 작품'이 된다는 의미로도 읽을 수 있다. 이는 문법과 구문론에 속박된 것은 진정한 의미의 '예술 작품'이 아니라는 뜻이기도 하다. 현대예술은 상식화된 장르적 규범, 즉 문법과 구문론에 충실한 생산물을 '진부한 것'이라고 비판한다. 실제로 20세기 이후의 현대예술들은 저 진술을 정언명령으로 받아들였고, 비평가들은 그러한 이탈에서의 의지를 프로이트의 '친부 살해'와 비교하기도 했다. 물론 이러한 초월 의지의 결과는 독자나 관객을 곤혹스럽게 만드는 대상의 출현으로 귀결되는 경우가 잦았다. 현대예술이 예술에 대한 우리의 상식을 공공연하게 위반함으로써 소위 난해성이라는 스캔들을 불러일으키는 이유, 그럼에도 예술가들이 문법과 구문론으로 요약되는 상식을 뛰어넘으려고 시도하는 이유는 익숙한 것의 재생산은 결코 예술이 될 수 없다는 현대적인 믿음 때문이다.

현대예술은 왜 난해하다거나 엘리트주의적이라는 비판을 무릅쓰고 문법과 구문론을 초월하려는 것일까? 그것은 예술의 존재 이유, 혹은 가치가 세계와 대상에 대한 우리의 익숙한 감각을 쇄신하는 데 있다고 생각하기 때문이다. 이 지점에서 예술은, 나아가 문학 또한 일상적 감각과 선명하게 대립한다. 인간의 세계 경험은 개념이나 표상이 아닌 강도(Intensity)의 방식으로 행해진다. 우리의 신체적 경험은 언어나 기호로 정확하게 표현되지 않는다. 인간의 신체가 대상과 맺는 관계는 매순간 미세하게 달라지며, 그것은 동일한 대상과의 관계에서도 마찬가지이다. 이것을 인간의 신체가 세계나 대상을 매번 새롭게 감각할 수 있는 능력이라고 말할 수 있다면, 일상의 세계는 이러한 능력이 지속적으로 둔감해지는 과정, 그리하여 세계와 사물에 대해 둔감해지는 경험이라고 말할 수 있다. 실제로 우리의 일상은 새로움이나 낯섦이 아닌 익숙함과 습관에 의해 지탱된다. 만일 일상적인 대상을 매번 새롭고 낯설게 경험하는 사람이 존재한다면 아마 그의 일상적 질서는 금세 혼란에 빠지게 될 것이다. 이처럼 예술이 지향하는 가치와 일상의 질서는 조화를 이루기 어렵다. 예술은 일상을 통해 둔감하게 된 우리의 감각, 즉 세계와 사물을 새롭게 경험할 수 있는 능력을 회복시키려고 하며, 그것을 위해 항상 익숙한 풍경이나 사물을 일상적 질서의 바깥에 놓는다. 이 새로운 배치 속에서 사물들은 일상적 세계와 전혀 다른 의미와 성질을 부여받는다. 이처럼 예술은 일상의 세계에 속해 있는 것들을 새로운 배치, 즉 관계 속에 놓음으로써 우리의 감각이 일상과는 다른 방식으로 실행될 수 있음을 실증한다. 세간의 회화에 등장하는 '사과'가 우리가 일상에서 즐겨 먹는 과일의 종류와 다른 것처럼, 시에 등장하는 '연필' 또한 필기도구라는 수단적 의미를 초월하는 순간 비로소 시적 대상이 된다. 문제는 이 새로운 배치를 만드는 방식이 장르에 따라, 작가에 따라 너무도 다르다는 사실이다.

오래된 숲길을 걷다가 나무가 될 때

뿌리 없는 생각들이 나무가 될 때

침묵의 페이지가 넘겨지고
상상력은 둥글어진다

숲이 먼 길이라도
시가 먼 집이라도
나무와 문장 사이를 잴 수 있다면

거룩한 나무에서 떨어지는 마침표와
작은 꽃잎들

내 몸에서 번식하는 꽃을 접시에 담는다
음악이 들리지 않을 때까지

—「브로콜리와 함께」 전문

강미영에게 시(詩)는 브로콜리와 "함께", 즉 그것과 더불어 행해진다. '느티나무'의 분기하는 형상(Y)이 첫 시집으로 들어가는 입구였다면, '브로콜리'는 두 번째 시집으로 들어가는 입구라고 말할 수 있다. 이때 시인에게 '느티나무'와 '브로콜리'는 식물의 종(種)이 아닌 하나의 '형상'이다. 즉 이러한 경험에서 세계는 형상들의 집합인 것이다. '브로콜리'가 "직유의 숲”(「브로콜리 마음과 당신의 마음」)이 되는 논리도 형상적 유사성, 그러니까 '닮음'에서 찾을 수 있다. 시인에게 '브로콜리'는 “어느 쪽을 잘라도 나의 분신은 살아 있었다”(「브로콜리」)라는 진술처럼 '분신', 즉 부분과 전체, 부분의 형상과 전체의 형상이 동일한 것, 따라서 마트로시카 인형처럼 '나'의 동일성이 무한하게 반복되는 존재론의 문제로 이어진다. 또한 그것은 “나무”(「브로콜리 마음과 당신의 마음」), “유일한 문장들”(「브로콜리」), “거룩한 숲에서 발아한 한 권의 나무”와 “한 권의 책에서 뻗어 나온 나무들 속에서/은유가 타올라요”(「브로콜리 숲으로 한걸음」)처럼 식물의 계열과 시(또는 글쓰기)가 연결되는 지점을 지시한다. 이러한 연관성 속에서 '나무/숲'은 '브로콜리'와, 그리고 시/문장/글쓰기와 교환관계를 형성한다.

강미영의 시에서 시적 대상이나 세계는 독서, 즉 해석의 대상처럼 경험된다. 가령 시인은 꿈속에서 계단을 오르는 행위를 “책장을 넘기듯 계단을 올라갔어”(「백일몽」)라고 표현하는가 하면 “플라타너스 나무들은 시처럼 푸르렀지. 백일몽을 타고 다들 어딘가로 떠나기를 바라지. 한여름 백지의 거리는 아직도 속이 울렁거려.”(「백일몽」)처럼 태양이 작열하는 한낮의 거리를 '백지'에 비유한다. 또한 “어딘가에 남아 있는 시의 말로 평균은 휘기 시작한 걸까”, “떠나지 못한 막다른 문장들이 바람을 신고 춤을 추었다 가끔 은유가 둥글게 몸을 말아 새처럼 날아올랐다”(「평균대」)처럼 개인적 경험을 시작(詩作) 과정처럼 표현하기도 하고, "창백한 백지 위에 녹아드는 시들, 언어들"(「폭설의 감각」), "나무를 거꾸로 세워두고/한 문장씩 목을 부러뜨렸다"(「브로콜리 마음과 당신의 마음」)처럼 인식-발견의 과정을 시작(詩作)의 과정으로 제시하기도 한다. 이처럼 강미영의 이번 시집은 시 쓰기에 대한 개인적 자의식을 전면에 내세우면서 동시에 세계를 독해의 대상으로, 특히 특유한 방식의 읽기 대상으로 제시함으로써 사물과 세계에 대한 새로운 감각을 선보인다. 그 중심에 '브로콜리'가 위치하고 있다. 인용시 「브로콜리와 함께」는 일상적 경험과 인식이 시(詩)가 되는 순간을 예시하고 있다. 분기하는 형상들과 그것들을 수렴하는 '나무'의 형상, 시인에게 시(詩)는 뿌리 없는 생각들이 나무의 형상처럼 수렴될 때, '침묵'을 서적의 페이지처럼 넘기는 '상상력'이 작동할 때 비로소 시작된다.

바람의 늑골을 만지는 저녁, 음악을 듣는다
남쪽 먼 어딘가 환한 곳에
고래 한 마리 누워 있겠다 싶다.

고래는 고래일 뿐 나무가 될 수 없는 것이라고
은유의 음악은 처절하다.

흔들리는 단추처럼 망설이는 사이

벽처럼 굳은 얼굴
차가운 계단과 계단 아래에 서 있는 나무 한 그루
숲은 나를 울게 한다.

오랫동안 한 사람을 생각하는 자세로
긴 목과 둥근 뺨 그리고 둘러싸여 있는 숲의 공기
오늘의 나무 오늘의 슬픔
오늘의 신발 오늘의 심장

밤은 더 깊어지지 않고
한없이 고요한 귀처럼
나무는 고래의 시간들을 가만가만 펼친다.

어둠 속 가득 나무의 멜로디가 차오르고
고래의 뿌리가 무성해진다.

—「고래나무」 전문

이 시에 등장하는 '고래나무'는 현존하는 생물체가 아니다. 포털 사이트를 검색하니 '고래나무'가 고대 전설이나 신화에 등장하는 생명체이고, 등에 나무를 한 그루씩 달고 바다를 유영하는 모습이 간혹 목격되기도 했다는 정보가 확인되지만, 여기서의 '고래나무'를 그 신비의 생명체로 간주하는 것은 적

절한 읽기 방식이 아니다. 이 시에는 '나무'와 '고래'라는 두 실체, 즉 일상적인 감각에 따르면 상당히 거리감이 있는 두 대상이 등장한다. '나무'가 대지를 상징하는 존재라면, '고래'는 바다를 상징하는 존재라고 말할 수 있다. 1연에서 시인은 '나무'를 배경으로 '음악'을 듣다 불현듯 '고래'를 상상한다. 그런데 "고래는 고래일 뿐 나무가 될 수 없는 것"이라는 진술처럼 그것들은 '~되기'를 통해 존재를 전이할 수 있는 것들이 아니다. 그런데 어느 순간 시인은 '나무'가 "고래의 시간들"을 펼치는 소리를 듣게 되고, 그것은 "나무의 멜로디"를 거쳐 "고래의 뿌리"로 확장된다. 이것은 상상을 통해 '대지'와 '바다'라는 이질적인 세계를 횡단하는 경험을 의미한다. 실제로 "은유의 음악"이란 이러한 횡단적 인식에 부여된 시학적 개념이므로, '은유' 안에서 '대지'와 '바다', '나무'와 '고래'는 새로운 관계성을 부여받는다. 사정이 이러하다면 '고래나무'란 특정한 생명체를 지시하는 명사가 아니라 '나무'와 '고래'라는 이질적인 존재들이 은유적 인식을 통해 횡단됨으로써 새롭게 형성된 존재, 그러니까 '고래-나무'의 점이적 상태를 지칭하는 표현이라고 이해할 수 있다.

> 나의 긴 의자는 임신 중
> 믿음은 언제나 다른 곳에서 왔다

붉은 잉크가 쏟아지고
환상의 다리를 읽는다

소파 술의 흘림체 쇼파라고 읽는다

반복해도 떠오르지 않는 제목처럼
기다란 문장의 쇼파처럼
그래도 난 오버나이트만 고집할 거야

소파는 쇼파인가
쇼파는 소파인가

무중력의 리듬들
소파 술은 정해지고

육체와 문장은 멀어지다 가까워지며
목이 풀린 뚜껑처럼 사물이 명백해서 슬프다

쇼파에 누워 소파를 쇼파라고 써본다

모든 것이 분명하지 않아
소파는 푹신하다

―「비정상적 쇼파」 전문

강미영의 시에서 상상력은 사물의 실체적인 성질, 즉 고정성을 횡단함으로써 새로운 세계를 펼쳐 보인다. 이러한 상상력은 강미영의 시편들이 '문법'과 '구문론'을 초월하는 또 하나의 방법으로서, 그것은 "사물이 명백해서 슬프다"라는 진술과 맥락을 같이한다. 「비정상적 쇼파」에는 '긴 의자'가 하나 등장한다. 시인은 그것을 "소파 술의 흘림체 쇼파라고 읽는다"라는 진술처럼 '소파'와 '쇼파'라는 두 개의 이름으로 명명한다. 이름, 즉 명명은 어떤 대상을 실체적으로 규정하는 언어적 장치이다. 따라서 하나의 대상에 두 개의 이름이 존재한다는 것은 그것이 실체적인 동일성을 유지하지 않는다는 의미이기도 하다. 일반적으로 일상적 질서의 세계에서 이러한 정체성의 혼란은 결코 유쾌한 사건이 아니다. 하지만 "사물이 명백해서 슬프다"라는 진술처럼 시(詩)의 세계에서는 오히려 명백한 것이 슬픔을 불러온다. 요컨대 시인은 특유의 상상력을 활용하여 시적 대상의 안정적인 실체를 뒤흔들거나, 또는 그런 경험 속에서 '시적인 것'을 발견한다. 이 시가 "모든 것이 분명하지 않아/소파는 푹신하다"라는 진술로 종결되는 까닭도 여기에 있는데, 시학적 관점에서 보면 이것은 "직유의 숲에서 당신을 만났다"(「브로콜리 마음과 당신의 마음」)라는 진술과 근본적으로 다르지 않다. 시(詩)는 일상적 질서와는 다른 질서 속에서 대상과 관계 맺는 경험이기 때문이다.

모과를 떠올리고
먼 새로운 행성을 그려본다

모과는 모자가 아니었다
당신은 내가 될 수 없으니
내가 갈게

진실은 언제나 미궁 속으로 숨어버리고
얼굴은 모과 색으로 딱딱해지거나 키스로 향긋하지

비가 눈과 같이 내려
모과는 모자가 될 수 없다는 걸
목요일에 알았다
시(詩)는 벼랑에서 만나야 한다
골목은 길었고 우리는 길을 잃었다

모두가 혼자 떠나야 하는 것을
어떻게 읽어야 하는 걸까
정답은 꼭 가슴에 발목을 심은 후 알게 되는 것
모과는 향이 특별해서

절대 버릴 수 없다는 걸

절대 잊을 수 없다는 걸

오늘은 비가 눈과 같이 내려

모자는 모과가 아니었다

—「비와 모과 사이 눈처럼 내려」 전문

강미영의 시가 '문법'과 '구문론'을 초월하기 위해 즐겨 사용하는 방식은 음성적 자질을 활용하여 언어 자체를 더듬거리게 만드는 것, 즉 언어유희(pun)이다. 중요한 것은 강미영의 시에서 이러한 언어유희는 일회적인 것도 아니고 유희 자체를 목적으로 한 것도 아니라는 점이다. 실제로 언어에 대한 이러한 자의식은 시집 전체에서 골고루 발견되며, 그것들은 언어에 대한 일상적 감각을 혼란에 빠뜨림으로써 익숙한 세계를 낯설게 만드는 기능을 수행한다. 가령 "신파는 아니고 심판 없는 시판도 아니었다"(「새로운 유파」)에서는 '신파–심판–시판'의 계열이, "강정은 달콤하게 씹히는 시를 닮았고 감정을 선물 받는다"와 "난 금성이 아니고 금정 간다."(「금성서점」)에서는 '강정–감정', '금성–금정'의 계열이, "아파트가 아닌 아지트!"(「아지트」)에서는 '아파트–아지트'의 계열이, "한 마리 두 마리 세 마리 도루묵인 것이다. 도루코 칼날의 빛이다. 그 칼날의 이마를 방망이로 쳐보는 것이다. 1루에서 3루까지 말의 허점을 통해 재빨리 달려본다. 짜릿한 도루의 묵이다."(「도루묵」)에서는 '도루묵-도루코-도루'의 계열이 시 전체를 견인하는 동인(動因)으로 기능하고 있다. 흔히 이런 언어적 감각은 단순한 유희로 오인되어 비판의 대상이 되기도 한다. 하지만 시가 언어 예술이라고 말할 때, 그것은 시가 언어로 표현된다는 단순한 사실만이 아니라 언어를 통해 세계의 질서를 해체하거나 구성한다는 의미를 포함한다. 현대시에서 '언어'는 언어의 일상적 기능, 즉 커뮤니케이션의 수단이라는 도구적 차원을 뛰어넘어 세계의 현재적 질서와 연결된다.

인용 시의 첫 장면은 '모과'를 떠올리고 "먼 새로운 행성"을 그려보는 것으로 시작된다. '떠올린다', '그려본다'라는 표현에서 추측할 수 있듯이, 여기에서 '모과'와 "먼 새로운 행성"은 현존하는 대상이 아니다. 그것은 현존하는 것이 아니지만 떠올림과 그려봄, 즉 상상을 통해 환기될 수 있는 것들이다. 그런데 시인은 왜 자신이 '모과'를 떠올리게 되었는지 설명하는 대신 '모과'와 무관하게 보이는 '모자'를 끌어들인다. "모과는 모자가 아니었다"라는 진술이 이렇게 탄생한다. 앞에서 살폈던 경우들과 마찬가지로 '모과-모자'의 계열은 음성적 자질을 활용한 시적 전략이다. 일반적으로, 그러니까 일상적 세계에서 어떤 것을 말하거나 떠올릴 때 우리는 '의미'의 계열을 따라 발화한다. 이 '의미'의 계열이 곧 '문법'과 '구문론'인 것이다. 이와 달리 시인은 지속적으로 음성적 자질을 따라 사유를 펼쳐

나간다. 그 결과 '모과'는 장미과에 속하는 낙엽교목이라는 식물학적 대상이 아니라 음성적인 유사성을 지닌 '모자'와 연결된다. 이것은 생물학적으로는 '고양이'가 '호랑이'와 가깝지만 정동적 차원에서는 '고양이'가 '강아지'와 가깝게 느껴지는 것과 같은 이치이다. 즉 논리나 이성이 아니라 '음성=소리'를 기준으로 사유할 때 '모과'는 '모자'와 연결된다. 물론 이 시에서 시인은 '모과'와 '모자'를 명확하게 구분한다. "모과는 모자가 아니었다"와 "모과는 모자가 될 수 없다"라는 진술이 그것을 말해준다.

하지만 음성적 유사성의 나열만으로는 시가 되기 어렵다. 그렇다면 시인은 왜 '모과'와 '모자'를 반복적으로 호명하는 것일까? 그것은 '모과'와 '모자'가 동일하지 않음에도 불구하고 그것들이 전혀 무관하지 않을 수 있음, 즉 가능성을 사유하기 때문일 것이다. 이 가능성은 "시(詩)는 벼랑에서 만나야 한다/골목은 길었고 우리는 길을 잃었다"라는 진술에서 찾을 수 있다. 여기에서 '벼랑'은 언어도단(言語道斷)의 이치와 마찬가지로 어떤 질서의 한계점을 뜻한다. '벼랑'은 이 한계점에 대한 공간적 표현이다. 그런데 이 한계점은 하나의 질서가 적용될 수 없는 극한이지만 동시에 새로운 질서가 시작되는 원점이기도 하다. "시(詩)는 벼랑에서 만나야 한다"라는 말은 정확히 이런 의미이다. 시인은 그 한계지점에 도달하는 것을 "길을 잃었다"라고 표현하고 있는데, 이는 기존의 '문법'과 '구문론'에서 이탈했다는 뜻이기도 하다. 강미영에게 시는 이러한 이탈의 감각으로 세계를 읽을 때 시작되는 존재론적 사건이다.

태양이 아래로 고개 숙이고
토마토는 멈추었다

날카로운 연애는 밋밋한 맛으로 익어가고
설탕을 켜켜이 쌓은 행간들
한 장씩 깊어진다

푸른 테이블에 앉아
입이 찢어질 정도로 토마토를 먹으면
애인은 돌아올까
이빨 사이로 토마토 껍질이 붉게 피면 정말,
다시 올까
말이 되는 상상 속에 날개가 없고

검은 비닐봉지에 담긴 붉은 언어들이
제각각 얼굴을 내밀고

토마토라고 말하는 순간
앞뒤가 같은 애인이 찾아온다

둥글게 썰어 토마토 한쪽을 귀에 걸어본다

백일몽도 물컹 터져버린다

—「토마토」 전문

이 시의 시적 대상은 '토마토'이다. 그런데 '토마토'가 등장하는 첫 장면에는 '태양'이 배경이 되고 있다. "태양이 아래로 고개 숙이고/토마토는 멈추었다"라는 진술은 무슨 의미일까? 표면적으로 두 개의 사건, 그러니까 태양이 고개를 숙이는 것과 토마토가 멈추는 것은 직접적인 연관성이 없다. 하지만 축자적으로 읽으면 태양이 고개를 숙이는 것 또한 성립되기 어렵다. 따라서 여기에서 '태양'은 현실에 존재하는 대상을 가리키는 것이 아니다. 오히려 그것은 '토마토'와의 관계 속에서 이해되어야 한다. 태양과 토마토, 시인은 시각적 연상이나 형태적 유사성에 근거하여 두 사물을 나란하게 배열하고 있는지도 모른다. 20세기의 대표적인 추상 표현주의 화가인 마크 로스코는 "우리 사회의 정형화된 연상작용을 무너뜨리기 위해선 사물들의 익숙한 정체성을 철저하게 부숴버려야 한다."라고 주장했다. 정형화된 연상작용, 또는 정형화된 인식과 감각, 그것은 의식하지 못하는 방식으로 우리를 억압하는 것들이다. 하나의 사물을 목격하면 습관적으로 다른 하나의 사물이 떠오르는 연상작용은 사실 학습과 경험의 효과에 의해 만

들어진 것이고, 그러한 질서는 이후 우리의 감각과 인식을 특정한 방향으로 왜곡한다는 점에서 억압의 일종이다. 인간은 대상-사물을 새롭게 경험할 능력을 소유하고 있고, 우리의 경험 내용 또한 매번 다르지만, 정형화된 연상작용이나 습관 등으로 인해 낯선 경험 내용을 익숙한 것으로 환원해버림으로써 동일성에 갇히고 만다. 화가와 시인, 아니 모든 예술은 이런 익숙한 감각을 반복하지 않고 사물에서 새로운 얼굴을 찾아내려고 시도한다. 마크 로스코의 주장은 그것을 위해 선행되어야 할 것이 무엇인지 말해준다. 이와 마찬가지로 이 시에서 '토마토'는 '태양'이라는 낯선 사물과의 관계 속에서 조명됨으로써 일상적 세계에서와는 다른 성질을 드러낸다. 물론 "설탕을 켜켜이 쌓은 행간들", "이빨 사이로 토마토 껍질이 붉게 피면", "검은 비닐봉지에 담긴 붉은 언어들" 등처럼 이 시에서 '토마토'가 일상적 세계에 존재하는 '토마토'와 전혀 무관한 대상은 아니다. 만일 그런 일이 발생한다면 그때 '토마토'라는 기호는 하나의 암호가 되고 말 것이다.

예술을 통해 드러나는 사물의 새로운 면모란 따라서 낯섦과 익숙함의 사이에서 결정될 수밖에 없다. 그런데 시인은 5연에서 다시 언어적 장치를 등장시킨다. 전반부가 시각적 유사성과 연상작용을 중심으로 진행된다면 후반부에서는 언어가 또다시 중요한 근거로 등장한다. "토마토라고 말하는 순간/앞뒤가 같은 애인이 찾아온다"라는 진술이 바로 그것이다. 그런데 '토마토'를 대상으로 한 이러한 상상력 실험은 무한히 지속될 수 없다. 마지막 연에 등장하는 "백일몽도 물컹 터져버린다"라는 진술이 바로 그것을 의미한다. 시인은 마지막에 이르러 다시 사물, 즉 '토마토'를 일상적 맥락에 배치한다. "둥글게 썰어 토마토 한쪽을 귀에 걸어본다"라는 진술에 이르러 '토마토'는 둥근 모양으로 썰 수 있는 대상이 된 것이다. 하지만 현실의 중력 속에 놓인 토마토와 시인의 연상 작용, 혹은 언어적 층위에서 사유되는 '토마토'는 결코 일치될 수 없다. '백일몽'이 터진다는 것은 현실 법칙과 상상력이 충돌하는 미학적 사건에서 현실의 힘이 더 크다는 뜻일 것이다. 상상력이 현실 세계를 제압하는 상황은 좀처럼 발생하기 어렵다. 하지만 현실 세계의 중력이 상상력을 완전히 없애는 일 또한 불가능하다. 예술 작품, 아니 예술적 스타일이 반복되는 까닭도 이러한 불가능성 때문일 것이다. 시는 상상력을 통해 늘 세계의 질서를 뒤흔든다. 그리고 그 균열 속에서 시적 대상은 우리가 일상적 질서에서 목격하지 못한 표정을 드러낸다. 강미영의 시편들은 바로 그 표정을 담은 초상화이다.

시인동네 시인선 165

브로콜리 마음과 당신의 마음

ⓒ 강미영

초판 1쇄 인쇄	2021년 12월 15일
초판 1쇄 발행	2021년 12월 22일
지은이	강미영
펴낸이	김석봉
디자인	헤이존
펴낸곳	문학의전당
출판등록	제448–251002012000043호
주소	충북 단양군 적성면 도곡파랑로 178
전화	043–421–1977
전자우편	sbpoem@naver.com

ISBN 979–11–5896–538–9 03810